L'ACCUSATION

DU

Meurtre Rituel

PAR

SALOMON REINACH

Ancien Élève de l'École Normale Supérieure
Ancien Membre de l'École d'Athènes
Agrégé de l'Université de France

PARIS
LIBRAIRIE LÉOPOLD CERF
13, RUE DE MÉDICIS, 13

1893

L'ACCUSATION

DU

MEURTRE RITUEL

L'ACCUSATION DU MEURTRE RITUEL [1]

De toutes les accusations dont le fanatisme et l'ignorance se sont fait une arme contre le judaïsme, il n'en est aucune qui puisse se comparer, en invraisemblance et en ineptie, à celle du meurtre rituel. Et cependant, telle est la ténacité de certaines erreurs, l'injustice aveugle de certaines passions, que cette calomnie mille fois confondue trouve encore des propagateurs en Europe et fait des victimes presque sous nos yeux. Il ne se passe guère d'année, dans certains pays, sans qu'aux approches de la Pâque juive on ne répande le bruit de la disparition d'un enfant chrétien et du meurtre de cet enfant par les Juifs, à qui le sang serait nécessaire, au nom de je ne sais quelle tradition occulte, pour la préparation des pains azymes. Personne n'a oublié les affaires de Damas en 1840 [2], de Tisza-Eszlar en 1882 [3] ; mais il suffit d'ouvrir les *Bulletins de l'Alliance Israélite* pour en trouver beaucoup d'autres et plus voisines de nous. En 1886, c'est à Dohilew et à Grodno que l'infâme accusation se produit, avec son cortège ordinaire de pillages et de violences [4] ; en 1887, c'est à Constantinople, à Caïffa, à Budapest, à Presbourg [5] ; en 1888, à Salonique, à Samacoff, à Kaschau, à Presbourg [6] ; en 1889, à Varna, à Kustendil, à Alep, à Presbourg encore [7] ; en 1890, à Damas, à Beyrouth, à Mustapha-Pacha [8] ; en 1891, à Philippopoli,

---

[1] Hermann L. STRACK, docteur en théologie et en philosophie, professeur extraordinaire de théologie protestante à l'Université de Berlin. LA SUPERSTITION DU SANG DANS L'HUMANITÉ ET LES RITES SANGUINAIRES (*Der Blutaberglaube in der Menschheit, Blutmorde und Blutritus*). Munich, Beck, 1892.

[2] Voir les *Archives israélites* de cette année et les auteurs cités par Strack, *op. laud.*, p. 117.

[3] Voir l'excellent livre de M. Paul Nathan, *Der Prozess von Tissa-Eszlar*, Berlin, 1892.

[4] *Bulletin de l'Alliance israélite universelle*, 1886, p. 21.

[5] *Ibid.*, 1887, p. 41.

[6] *Ibid.*, 1888, p. 40.

[7] *Ibid.*, 1889, p. 56.

[8] *Ibid.*, 1890, p. 40.

à Yamboll, à Alep, à Smyrne, à Budapest, et, chose étonnante,
à Corfou, plus étonnante encore, en pleine Allemagne occiden-
tale, à Xanten [1]. On rougit d'ajouter que le *Journal d'Indre-et-
Loire*, dans son numéro du 27 mars 1892, a osé traiter de meurtre
rituel et attribuer aux Juifs l'assassinat d'un enfant d'Ingrandes ;
cinq mois après, la mère de cet enfant, reconnue coupable, était
condamnée à vingt ans de travaux forcés [2] !

Assurément, de basses jalousies et des haines individuelles ont
une très grande part dans la diffusion d'une légende qui surexcite
les mauvaises passions et leur donne carrière ; assurément aussi,
parmi ceux qui la propagent, parmi les meneurs de ces tristes
campagnes, il y a quantité d'individus qui ne croient pas un mot
de ce qu'ils prétendent, qui exploitent impudemment la crédu-
lité populaire et dont la mauvaise foi intéressée ne désarmerait
pas devant l'évidence. Mais si l'on n'était en présence que d'imbéciles et de fripons, de gens qui ne peuvent pas et d'autres qui ne
veulent pas être éclairés, on reprocherait à des savants éminents
de perdre leur temps à traiter du meurtre rituel : c'est à la police
seule qu'il conviendrait d'en connaître. Malheureusement, à côté
des exploités et des exploiteurs, il y a la grande masse des in-
décis, des indolents, de ceux qui vous disent gravement, en se
croyant peut-être très forts : « Nous savons bien que vous autres,
Juifs d'Occident, vous n'immolez pas d'enfants chrétiens ; mais en
Orient, dans ces communautés ignorantes et fanatiques, qui vous
dit que les choses se passent comme chez vous ? L'accusation se
reproduit trop souvent pour ne reposer sur rien et, d'ailleurs, on
prétend que le Talmud en parle. » — « Le Talmud ? En quel cha-
pitre ? » — « Je ne lis pas l'hébreu, mais des personnes qui le
lisent me l'ont affirmé. » — « Quelles personnes ? » Ici, le dialogue
prend généralement fin, à moins que l'interlocuteur ne connaisse,
d'ordinaire de seconde main, un de ces recueils éhontés de mensonges, de faux et de contre-sens volontaires qui ont paru sous les
noms d'un Rohling, d'un Desportes ou de tout autre calomniateur
patenté. On voudrait pouvoir remettre sur l'heure au « sceptique »
un livre décisif, facile à lire, signé du nom d'un savant ayant
fait ses preuves, où l'accusation fût réduite à néant et l'infamie
des accusateurs dévoilée. Mais où est ce livre ? Il existe, à la
vérité, beaucoup d'ouvrages estimables sur la matière ; ainsi, pour
n'en citer qu'un des plus récents, publié à la fois en grec et en
italien, nous signalerons le volume très bien documenté de
M. J. Zaviziano, *Un raggio di luce*, qui a paru en 1891 à Corfou.

---

[1] *Bulletin de l'Alliance israélite universelle*, 1891, p. 48.
[2] *Le Temps*, 5 août 1892.

Mais il n'y a là qu'un bon magasin de matériaux et le sujet n'est pas éclairé sous toutes ses faces. C'était un des projets de notre regretté Isidore Loeb de consacrer une grande monographie scientifique à l'histoire du *préjugé du sang ;* il possédait sur cette question une érudition immense, des informations puisées aux sources les plus sûres et, par dessus tout, le talent de l'écrivain qui sait faire valoir, sans ployer sous le faix, une infinité de matériaux. Hélas ! les volumineux dossiers qu'il avait formés ne satisfaisaient pas encore son insatiable curiosité d'historien et il n'avait pu se décider à les mettre en œuvre lorsque la mort est venue nous l'arracher. C'est une perte immense pour la science et qu'on ne saurait trop profondément déplorer; mais le livre de Loeb aurait-il servi à convaincre les récalcitrants ? Aurait-il fait justice assez brièvement d'une vieille calomnie pour se prêter à la diffusion directe des idées vraies ? Il est permis d'en douter, d'autant plus que Loeb en doutait lui-même, se proposant avant tout d'écrire pour les doctes, quitte à laisser les vulgarisateurs, les journalistes, puiser dans son grand ouvrage comme dans un arsenal pour répondre, textes en mains, à l'inepte accusation sans cesse renaissante. Aujourd'hui, la tâche des vulgarisateurs est encore difficile ; ils doivent avoir recours à des livres écrits, pour la plupart, en allemand, dont les meilleurs pèchent par la composition ou par le style ; ils ne trouvent nulle part, à moins de remonter aux sources, un historique complet du *préjugé du sang* à travers les âges. Mais si nous devons attendre longtemps encore l'équivalent du trésor que Loeb nous avait promis, il serait injuste de méconnaître la valeur des publications qui peuvent, jusqu'à nouvel ordre, en fournir la monnaie. Parmi ces dernières, une de celles qui se présentent avec le plus d'autorité et les garanties d'impartialité les plus hautes est l'œuvre d'un savant chrétien, le Dr Strack, professeur de théologie à l'Université de Berlin.

La quatrième édition de cette brochure, publiée en 1892, n'est pas un ouvrage de polémique, bien que la polémique y tienne une certaine place. Elle se divise en deux parties. Dans la première, l'auteur examine la superstition du sang dans les croyances populaires, c'est-à-dire les préjugés si répandus d'après lesquels le sang des hommes et des animaux serait un remède assuré dans une foule de maladies ou ajouterait une vertu singulière à des talismans. Dans la seconde, il prouve, après beaucoup d'autres, que la doctrine juive, à toutes les époques, s'est montrée résolument contraire à toutes les superstitions de ce genre, que ceux qui l'ont accusée de les prescrire en ont menti, que les voix chrétiennes les plus autorisées se sont déjà élevées contre cette accusation, enfin, que l'origine doit en être cherchée dans les calomnies que les païens, pendant les premiers siècles de l'Église, ont répandues contre les chrétiens.

M. Strack est parfaitement informé ; il connaît non seulement les textes anciens, mais les moins estimables productions de l'antisémitisme moderne ; on n'écrira plus jamais sur le *préjugé du sang* sans avoir recours à son livre. L'auteur me permettra cependant de regretter deux choses : d'abord, les développements excessifs donnés à la première partie, où l'intérêt principal du mémoire est souvent perdu de vue ; puis, l'ordre même dans lequel il a présenté les matériaux si abondants et si précis dont il disposait. A mon sens, une étude sur le meurtre rituel devrait comprendre les chapitres suivants :

I. Historique de l'accusation, portée d'abord contre les chrétiens par les païens, puis par les chrétiens orthodoxes contre des chrétiens schismatiques, enfin par des chrétiens et des musulmans fanatiques contre les Juifs.

II. Examen des textes du Talmud et d'autres livres hébraïques où la mauvaise foi a prétendu découvrir la prescription du meurtre rituel.

III. Textes bibliques et autres qui détruisent *a priori* cette accusation.

IV. Examen des principaux faits allégués, avec preuve de l'inanité de toutes les accusations qui ont pu être soumises à des tribunaux réguliers.

V. Bulles des papes Innocent IV, Grégoire X, Martin V, Paul III, dénonçant l'accusation du meurtre rituel comme une fausseté ; témoignages conformes des savants chrétiens les plus illustres (Delitzsch, Renan, Manning, etc.).

VI. Causes de l'extension de ce préjugé, à savoir : la vieille superstition populaire touchant l'efficacité du sang ; l'âpreté des haines religieuses ; la convoitise du bien d'autrui ; enfin, l'antisémitisme contemporain, que l'on a dénommé avec tant de justesse « le socialisme des imbéciles ».

Il y a de tout cela dans le bon livre de M. Strack ; certains chapitres y sont même traités d'une manière si complète qu'ils épuisent, ou peu s'en faut, la matière ; mais l'auteur nous pardonnera d'exprimer l'avis qu'il aurait mieux fait, en rangeant ses documents en bataille, de les disposer sur une autre ligne.

On comprendra que nous ne puissions remplir ici, même avec l'aide du précieux livre de M. Strack, le cadre que nous nous sommes permis de tracer ; nous voudrions cependant préciser en quelques mots, à l'usage de ceux qui ne lisent pas des brochures compactes, les six divisions du sujet que nous venons d'indiquer si rapidement.

I

Un jour que je parlais à Renan du meurtre rituel, il me dit : « Notez combien la malignité humaine est peu inventive : elle tourne éternellement dans le même cercle d'accusations, sacrifices humains, anthropophagie, attentats aux mœurs. » Rien n'est plus exact. Au Ier siècle ap. J.-C., Josèphe nous apprend qu'on incriminait les Juifs d'engraisser des Grecs dans le temple de Jérusalem pour les manger[1]. Au IIe siècle, saint Justin[2], Tertullien[3], Minucius Félix[4] et d'autres encore, repoussent avec indignation l'accusation d'anthropophagie rituelle portée contre les chrétiens[5]. Si la lettre de Pline à Trajan au sujet des chrétiens est authentique, la justice romaine s'était déjà préoccupée de ce bruit en l'an 111[6]. Vers la même époque, l'alexandrin Carpocrate fondait une secte chrétienne à laquelle les orthodoxes reprochaient des abominations analogues. Un peu plus tard, saint Augustin attribue aux hérétiques Manichéens des turpitudes telles que, suivant Bossuet, « on n'ose même y penser, loin qu'on puisse l'écrire. » Le moyen âge en racontera autant sur les Albigeois, les Cathares, les Bogomiles. De même que l'on dit aujourd'hui très facilement : « Vous êtes une canaille, parce que vous ne partagez pas mes opinions politiques », on disait autrefois aux hérétiques : « Vous êtes des assassins, des anthropophages et des sodomites parce que vous pensez autrement que nous sur le principe des choses. » Qu'on lise, par exemple, dans Bayle, de quels crimes horribles, incestes, débauches invraisemblables, actes de bestialité, certains écrivains voulaient charger la mémoire de Mahomet. A une époque beaucoup moins lointaine, les Puritains racontaient que les Cavaliers de Charles Ier immolaient et mangeaient les petits enfants ; les Suisses accusaient les Jésuites de Paderborn d'avoir tué un enfant et de l'avoir jeté dans un puits. Quand Thackeray

---

[1] Josèphe, *Contre Apion*, II, 8.
[2] Saint Justin, *Apologie pour les chrétiens*, II, chap. XII.
[3] Tertullien, *Apologétique*, chap. VII.
[4] Minucius Félix, *Octavius*, chap. IX, XXX, XXXI.
[5] Cf. Kortholt, *De Calumniis paganorum in veteres christianos*, Kiel, 1668, et l'index des *Origines du christianisme* de Renan, au mot *Calomnies*.
[6] Pline, *Lettres*, X, 97.

aborda à Sainte-Hélène, un nègre de l'Inde lui montra Napoléon ;
ce monstre, disait-il, mange tous les enfants qui lui tombent sous
la main ! Les lettrés chinois affirment que les missionnaires chrétiens achètent ou volent des enfants indigènes pour les tuer et se
faire des talismans de leurs corps : le massacre de Tientsin
(21 juin 1870) n'eut pas d'autre prétexte que cette fable [1]. En 1891,
les Européens furent accusés du même crime à Madagascar ; il
fallut que le gouvernement Malgache affirmât, par une procla-
mation, que « nul étranger, ni Anglais, ni Français, ne cherche à
acheter des cœurs humains [2] ». L'accusation portée contre les
Juifs ne se trouve dans aucun auteur chrétien avant le xiiie siècle,
mais elle devient fréquente au xive : c'est à la même époque qu'on
les accuse d'empoisonner les puits, crime que les Chinois fanatiques de nos jours ne se font pas faute d'imputer aux missionnaires [3]. Ainsi la calomnie, inspirée par les haines religieuses
ou nationales, tourne dans un cercle étroit et se repaît toujours
des mêmes aliments.

II

« Un des traits caractéristiques de la religion israélite, écrivait
Renan en 1883 [4], est l'interdiction de faire servir le sang à la
nourriture de l'homme. Cette précaution, excellente à une certaine époque pour inspirer le respect de la vie, a été conservée
par le judaïsme avec un scrupule extrême, même à des époques
et dans des états de civilisation où elle n'est plus qu'une gêne. Et
l'on veut que l'Israélite zélé, qui mourrait de faim et souffrirait le
martyre plutôt que de manger un morceau de viande qui n'a pas
été saigné à blanc, se repaisse de sang dans un festin religieux?
Cela est monstrueux d'ineptie ! »

« Monstrueux d'ineptie » est encore trop peu dire lorsqu'il s'agit
d'hommes instruits, occupant des situations officielles, qui ont
prétendu trouver la prescription du meurtre rituel dans les livres
juifs. Le plus inexcusable de tous est M. Rohling, chanoine et
professeur à Prague, qui publia, en 1871, un livre intitulé « Le
Juif du Talmud » et, depuis, beaucoup de brochures dans le même
esprit, en jurant qu'il ne disait que la vérité. Un savant chrétien,

[1] Hübner, *Promenade autour du monde*, t. II, p. 385, 393.
[2] *Le Temps*, 1er février et 25 mars 1892.
[3] *Globus*, 1890, n° 24, p. 384.
[4] *Bulletin de l'Alliance*, 1883, I, p. 31.

hébraïsant de premier ordre, le professeur Delitzsch, lui répondit à plusieurs reprises, notamment en 1883, par un pamphlet intitulé « Échec et mat aux menteurs Rohling et Justus [1]. » Il y prouva, pièces en mains, que son adversaire citait à faux et qu'il altérait sciemment les textes. Ainsi, suivant Rohling et d'autres, il serait dit dans le *Zohar* (t. II, p. 119 *a*) que les non-juifs sont des impies et qu'il faut immoler leurs filles. « Les Juifs présents au sacrifice doivent se purifier d'abord par la prière et le sacrificateur doit jurer de ne point révéler le sacrifice à des profanes. Le couteau de sacrifice est un couteau de boucher ; la jeune victime doit être bâillonnée pour qu'elle ne puisse crier ; elle doit être immolée de telle sorte qu'elle perde tout son sang et devienne pâle comme une morte, etc. » A cela, Delitzsch répondit : « J'atteste sur l'honneur de mon nom que tout ceci n'est qu'un tissu de mensonges » ; puis il donna le texte hébreu du passage et la traduction littérale en allemand. Dans cette traduction, que tous les hébraïsants ont contrôlée, il n'est question ni de sacrifices humains, ni de couteaux, ni même de non-juifs, mais seulement de la mort misérable qui attend les Juifs quand ils n'observent pas les rites de leur religion. Tous les détails du sacrifice donnés par Rohling sont inventés comme le sacrifice lui-même. Dira-t-on que le professeur de Prague s'est trompé, qu'il a commis, dans son ignorance de l'hébreu, une série de contre-sens ? Cette explication n'est malheureusement pas recevable ; l'examen comparé du texte et de la traduction prouve qu'on est en présence d'une imposture, d'une fraude, d'un acte de banditisme scientifique. D'ailleurs, l'absurdité de la traduction de Rohling pouvait se démontrer *à priori*. A la Renaissance, il y eut de grands hébraïsants chrétiens, comme Pic de la Mirandole et Reuchlin, qui étaient à même de lire le *Zohar* : pense-t-on qu'en présence des infamies qu'on prétend aujourd'hui y découvrir ils se seraient abstenus de les dénoncer à l'indignation de leur temps ?

Autre exemple. Dans le *Séfer Halikkutim*, livre cabalistique du XVIe siècle, on trouverait, suivant Justus, le passage suivant : « Le sang des vierges non-juives est un sacrifice agréable pour le ciel. » Delitzsch raconte qu'en lisant pour la première fois la traduction de cette phrase, il fut épouvanté, lui qui avait si formellement engagé son honneur de savant dans la négation du meurtre rituel ! Mais en recourant au texte hébréo-araméen, il constata avec non moins de surprise que la traduction du Dr Justus

---

[1] *Schachmatt den Blutlügnern Rohling und Justus.* Erlangen, 1883. Le Justus en question est l'auteur d'une inepte compilation intitulée *Judenspiegel*, Paderborn, 1883.

« n'était pas seulement une série de contre-sens, mais une enfilade d'impostures, un mensonge infernal. » Sa traduction à lui, qu'il a longuement motivée, éclaircit tous les doutes: il n'est pas question du sang des vierges non-juives, mais du sang qui atteste la virginité (*virgineus cruor* du poëte latin) ; c'est un commentaire mystique d'un verset obscur des *Proverbes* (XXX, 19), qui exerce encore la sagacité des exégètes.

En 1891, Rohling prétendit découvrir une mention du meurtre rituel dans le Talmud lui-même [1]. L'erreur volontaire qu'il commit sur ce passage, répandue par les journaux allemands, s'est fait une place dans la presse antisémitique des autres pays: on a vu chez nous M. le grand-rabbin Zadoc Kahn rétablir la vérité par une lettre adressée à M. Drumont [2]. Il s'agit simplement d'un enfant israélite mineur qu'il faut, suivant le Talmud (d'accord avec une loi grecque attribuée à Charondas), laisser avec sa mère et non pas avec ses frères ; « car, ajoute le docteur juif, ses frères pourraient le tuer pour hériter de ses biens, comme cela s'est produit une fois à la veille de Pâque [3]. » Nous sommes, on le voit, sur le terrain juridique: d'assassinat religieux, de prescription rituelle, il n'y a pas l'ombre. Écoutons maintenant Rohling : « Si les Juifs prenaient pour agneau pascal un enfant mineur de leur propre race, combien plus volontiers devaient-ils immoler suivant leurs rites des non-juifs, méprisés par eux à l'égal des animaux [4] ! » Ici encore, ce n'est pas une bévue que le professeur Rohling a commise : c'est tout bonnement une supercherie.

Il faut dire que ce personnage n'a pas l'épiderme sensible. En 1883, M. Joseph Bloch s'exprima sur son compte en termes tels, le traitant de menteur, de calomniateur, de parjure, que le professeur de Prague se crut obligé de déposer une plainte ; mais prévoyant la honte qui rejaillirait sur lui d'un débat public, il la retira quinze jours avant le procès [5]. Aussi M. Strack ne risque-t-il guère d'être entendu lorsqu'il écrit à son tour : « J'accuse ouvertement le professeur et chanoine autrichien Aug. Rohling de parjure et de fraudes grossières. Je suis prêt à soutenir cette grave accusation devant n'importe quel tribunal. » M. Rohling n'a point encore assigné le professeur Strack.

---

[1] *Ketoubot*, 102 b.

[2] *La Libre Parole*, 8 juillet 1892.

[3] C'est-à-dire, à un moment de l'année où ce crime était particulièrement horrible et invraisemblable.

[4] Ces derniers mots renferment un autre mensonge, qui a été démasqué tout au long par Kopp, *Zur Judenfrage*, p. 113 et suiv.

[5] Cf. J. Kopp (député au parlement autrichien), *Zur Judenfrage, nach den Acten des Processes Rohling-Bloch*, Leipzig, 1886.

Au mois de juillet 1891, l'*Osservatore cattolico* publia une série
d'articles inspirés des écrits de Rohling et offrit 10,000 francs au
Corriere della sera, paraissant également à Milan, s'il parvenait
à le convaincre d'erreur. M. Strack se déclara prêt à accepter la
controverse si l'on désignait par avance un jury, composé, au gré
de ses adversaires, de trois professeurs d'université enseignant,
dans l'Allemagne du Nord, la théologie ou les langues orientales.
L'*Osservatore* refusa ces conditions ; il insista pour qu'un des arbitres fût précisément le sieur Rohling et mit en avant d'autres
noms qui n'étaient pas ceux de professeurs [1]. M. Strack, convaincu de la mauvaise foi du journal milanais, résolut de lui répondre par écrit : telle est l'origine de la nouvelle édition de son
ouvrage, près de quatre fois aussi considérable que la première.

III

L'horreur des Juifs pour le sang est un fait si connu que les
bulles des papes, dirigées contre l'accusation qui nous occupe, l'ont
plusieurs fois rappelé. L'Éternel s'exprime ainsi dans le *Lévitique*
(XVII, 10-14) : « Quiconque de la maison d'Israël, ou des étrangers
séjournant parmi eux, mangera de quelque sang que ce soit, je
tournerai ma face contre lui et je le retrancherai du milieu de mon
peuple... Vous ne mangerez le sang d'aucune chair ; car l'âme de
toute chair est son sang ; quiconque en mangera sera retranché. »
La législation juive du moyen âge alla plus loin encore : ainsi le
Schoulhan-Arouch, rédigé au milieu du XVIe siècle, ordonne
de jeter un œuf si l'on trouve dans le jaune une goutte de sang.
Maïmonide croit devoir affirmer qu'un homme dont les gencives
sont malades peut avaler, sans crime, une goutte du sang qui
en découle ; mais s'il a mordu dans un pain et qu'il y ait une goutte
de sang sur ce pain, il doit en faire disparaître toute trace avant
de le manger. Le même Maïmonide, commentant le Talmud, interdit de toucher à aucune partie d'un mort : il fait exception seule-

[1] Un des arbitres désignés par l'*Osservatore* était le jésuite romain C. A. de Cara,
auquel M. Strack attribue par erreur (sous réserves, il est vrai) des articles publiés
en 1881 et 1882 dans la *Civiltà cattolica.* Je suis heureux de dire que mon savant
ami de Cara est tout à fait étranger non seulement aux articles en question, mais aux
manœuvres de l'*Osservatore.* Étant à la campagne, uniquement occupé de ses re-
cherches sur l'histoire ancienne de l'Orient, il apprit avec stupeur que l'*Osservatore*
avait abusé de son nom ; le journal milanais le croyait hébraïsant et talmudiste parce
qu'il a écrit sur les Hittites et les Hycsos, lesquels seraient, suivant lui, non pas des
Sémites, mais des Chamites !

ment pour les cheveux, que les parents peuvent garder à titre de souvenir. Déjà saint Jérôme signale chez les Juifs l'horreur des cadavres. La conclusion à tirer de ces textes, qu'on pourrait indéfiniment multiplier, est que l'idée même d'un meurtre rituel n'a jamais pu entrer dans la tête d'un Juif; l'histoire montre, d'ailleurs que toutes les superstitions sanglantes dont il va être question plus loin sont toujours restées, par l'effet même de sa loi religieuse, étrangères au judaïsme. Dire le contraire, c'est nier l'évidence, c'est se souiller par une insigne mauvaise foi.

IV

Venons-en aux faits allégués. Ici, la difficulté est plus grande que lorsqu'on invoque des textes : car les textes parlent d'eux-mêmes à ceux qui savent les entendre, tandis que les faits sont très souvent défigurés par l'éloignement, la légende, la calomnie, au point de devenir à jamais méconnaissables. Les documents les plus dignes de foi sont encore les enquêtes judiciaires, mais à la condition d'avoir été conduites suivant les principes modernes, sans application de la torture : or, même dans le procès de Damas, en 1840, les Juifs faussement accusés d'avoir tué le capucin Thomas furent soumis à des épreuves telles que deux en moururent. Suivant un témoin oculaire, Pieritz, on les fouetta, on les plongea dans l'eau froide, on leur brûla la barbe, le menton, les narines, etc. (je passe des détails impossibles à répéter)[1]. Des aveux obtenus par

[1] On sait que le jugement du tribunal arabe fut annulé par Méhémet-Ali, à la suite d'une démarche d'A. Crémieux et de Montefiore, les accusés ayant rétracté tous les aveux que leur avait arrachés la torture. — La traduction de la procédure arabe parut en 1846 sous le titre suivant : *Relation historique des affaires de Syrie*, par Achille Laurent, membre de la Société orientale, t. II (Gaume frères). Mais A. Laurent (traducteur d'une nouvelle arabe, *Vengeance d'une Égyptienne*, qui parut à Paris en 1838) n'était, dans la circonstance. que le prête-nom du consul de France à Damas, Ratti-Menton, gravement impliqué dans l'affaire qu'il avait dirigée dès le début. De la lecture de cette procédure inique. où la première dénonciation, celle du barbier Suleîman, fut obtenue par deux cents coups de courbache sur la plante des pieds (*op. cit.*, p. 108), il résulte non seulement que le père Thomas et son domestique n'ont pas été victimes d'un meurtre rituel, mais que la preuve même de leur mort violente n'a jamais été fournie, les cadavres n'ayant pas été retrouvés. Voici en quels termes l'affaire a été résumée par Lesur (*Annuaire historique*, Paris, 1841, p. 458) : « Nous devons dire quelques mots d'un épisode purement individuel, qui ne se rattache à l'histoire générale que par le retentissement qu'il a eu en Europe; nous voulons parler de la procédure instruite à Damas, avec des formes qui ne sont plus de notre temps, contre des Israélites qu'on accusait d'avoir donné la mort à un religieux de cette ville, le P. Thomas; le sang de la victime aurait été versé pour s'en servir durant la solennité de la Pâque. Ainsi formulée, cette accusation se serait difficilement soutenue aux yeux d'hommes éclairés; néanmoins, les autorités de Damas

ces moyens n'ont jamais aucune valeur aux yeux du bon sens. Lorsque saint Justin, vers 150, défendait les chrétiens contre l'accusation du meurtre rituel, il s'exprimait ainsi[1] : « Si, en infligeant la torture à nos esclaves, à nos femmes et à nos enfants, vous leur arrachez quelques aveux, ce ne sont pas là des preuves que nous soyons coupables. » Ces mots de l'apologiste chrétien sont à retenir pour qui veut soumettre à un examen critique les 154 prétendus « faits » énumérés par l'*Osservatore cattolico*.

Ce chiffre de 154, qui peut faire illusion aux naïfs, est une pure fantasmagorie. Qu'on en défalque les doubles et triples emplois, les racontars vagues, les exemples très nombreux où la fausseté de l'accusation a été établie devant les tribunaux, enfin les faits imaginés de toutes pièces[2] : il reste un nombre infime de « cas » sur lesquels un juge éclairé pourrait conserver des doutes. Ce n'est pas nous qui le disons : c'est un pape illustre, c'est Clément XIV Ganganelli.

En 1756, une accusation de meurtre rituel s'étant produite en Pologne, les Juifs polonais invoquèrent l'intervention du Saint-Siège pour mettre un terme aux mauvais traitements dont ils étaient l'objet. Laurent Ganganelli, conseiller du Saint-Office, fut chargé de rédiger, sur la question, un rapport qui a été retrouvé de nos jours. Les conclusions de ce mémoire, très favorables aux Juifs, furent adoptées par la congrégation des Grâces en 1759 ; le 9 février 1760, le cardinal Corsini, au nom du pape Clément XIII, écrivit au nonce apostolique de Varsovie pour le charger de protéger les Juifs contre la calomnie du meurtre rituel. Ganganelli, dans son travail, passe en revue les faits allégués depuis le XIIIᵉ siècle, et il n'en retient que deux, celui d'André de Rinn (Tyrol) en 1462 et celui de Simon de Trente en 1475. A l'égard de ces cas, Ganganelli n'était pas libre, car des décisions pontificales avaient reconnu les

---

y donnèrent suite, et pour arracher aux accusés l'aveu de leur prétendue culpabilité, leur infligèrent des tortures inouïes. Les consuls des diverses puissances européennes eurent dans cette affaire des opinions différentes ; les uns laissèrent faire et encouragèrent les autorités égyptiennes ; mais le représentant de l'Autriche protesta avec énergie contre les moyens violents employés pour la découverte de la vérité et réclama une instruction criminelle plus conforme aux mœurs du XIXᵉ siècle. C'est ainsi, du reste, que parut l'entendre le ministre des Affaires étrangères de France, M. Thiers, lorsqu'il annonça à la tribune que, par ses ordres, un vice-consul allait se rendre en Orient pour s'enquérir de l'état des choses à ce sujet. Les chambres anglaises et américaines ne s'émurent pas moins de cet incident et sans doute que l'influence morale de leur haute intervention, jointe aux efforts des Israélites européens, déterminèrent l'ordre donné par le pacha d'Égypte de suspendre une procédure qui aurait pu frapper comme coupables des hommes sans doute innocents. »

[1] *Apolog.*, II, chap. XII.

[2] Voir la belle étude de M. Lœb sur l'enfant de la Guardia, *Revue des Études juives*, 1887, II, p. 203.

deux prétendus martyrs, Simon et André (sans cependant faire aucune mention de meurtre rituel), l'un cent dix ans, l'autre trois cents ans après sa mort. Ganganelli ne manque pas d'en faire l'observation, comme pour indiquer discrètement ses propres doutes. Dans les autres cas signalés, y compris ceux qu'ont rapportés les Bollandistes, on est en présence de calomnies qui ne soutiennent pas la critique. L'auteur de ce mémoire, tout à l'honneur de la conscience humaine et de l'Église, devint pape sous le nom de Clément XIV [1].

L'étude des « cas », à laquelle s'est livré à son tour M. Strack, l'a conduit à la conclusion formelle que *pas un d'entre eux* ne mérite créance. Là où il y a eu des aveux, il y a eu torture; là où la torture n'a pas été appliquée, on n'a recueilli ni aveux, ni preuve de culpabilité quelconque. Les procès récents de Tisza-Eszlar, de Corfou, de Xanten, se sont terminés à la confusion des accusateurs : il a été démontré qu'on avait mis en œuvre tous les moyens, corruption, faux témoignage, assassinat même, pour noircir les Juifs et exciter la populace contre eux. A Corfou, il est certain que l'enfant tuée était une juive, qu'on a voulu la faire passer pour une chrétienne, et que les assassins de cette enfant ont été les premiers à crier au meurtre rituel. Il serait temps pour le gouvernement grec, après l'acquittement des Juifs incriminés, de punir les vrais coupables : je dis de les punir et non de les découvrir, car ils ont été dénoncés dès le mois de septembre 1891 par l'*Acropolis* et l'*Ephéméris* d'Athènes. Combien de fois, au moyen âge et plus près de nous, des infamies analogues ont dû se produire! Combien d'enfants chrétiens, morts naturellement, ont été déposés en secret dans la cour d'une maison juive! C'est encore un pape qui l'atteste, Grégoire X (bulle de 1272). Concluons en rappelant la déclaration suivante de M. B. Jalabert (protestant), professeur à la Faculté de Droit de Paris [2] : « Dans tous les procès qui ont été intentés aux Israélites soupçonnés d'avoir tué des chrétiens pour employer leur sang dans leurs sacrifices (procès dont plusieurs se sont terminés par la constatation éclatante de l'innocence des accusés), aucune preuve, de quelque valeur, d'après les règles reçues chez les nations civilisées, n'a été produite. Les dépositions des prétendus témoins ont été achetées ou obtenues par des violences ou des mauvais traitements; les quelques aveux des prétendus coupables ont été arrachés par la torture. Dans aucun de ces procès,

<hr>

[1] Le mémoire de Ganganelli a été réédité et commenté par M. Loeb dans la *Revue des Études juives*, 1889, I, p. 179.

[2] *Bulletin de l'Alliance*, 1883, I, p. 23.

depuis celui de Trente en 1453 jusqu'à celui de Damas en 1840, les
conditions de la recherche impartiale de la vérité, celles de la libre
défense des accusés n'ont été observées; les plus élémentaires de-
voirs de l'humanité et de la justice ont été violés. Rien n'a été ré-
gulièrement, loyalement, juridiquement établi, et, à l'heure qu'il
est, aucun Israélite n'a été convaincu, d'après les principes de
l'instruction criminelle en vigueur chez les peuples libres, de s'être
rendu coupable de ce dont il était accusé. »

V

Le premier pape qui ait condamné le préjugé du meurtre rituel
est Innocent IV. « C'est à tort, écrit-il en 1247, qu'on impute aux
Juifs l'usage, au moment de leur Pâque, du cœur d'un enfant tué
par eux. Vous ne permettrez pas qu'on les moleste sous ce prétexte
ni sous d'autres du même genre. » En 1272, Grégoire X atteste
formellement que des misérables prennent des enfants morts et les
cachent chez les Juifs, puis essaient de faire acheter leur silence
à prix d'argent ; il traite l'accusation de « frivole » et rappelle que
la loi juive s'oppose précisément à toute pratique de cet ordre.
Mêmes dénégations dans deux bulles de Martin V (1422) et de
Paul III (1540), dont M. Strack a reproduit le texte latin. Nous
avons déjà parlé du témoignage si explicite de Ganganelli (Clément XIV). N'est-il pas permis d'espérer que le plus illustre des
papes modernes voudra joindre sa voix si écoutée à celle de ses
prédécesseurs et condamner une accusation plus déshonorante
pour les faux chrétiens qui la propagent que pour les Juifs dont
elle n'atteint pas la conscience ?

Comme les bulles des papes sont rédigées dans un latin difficile
et que le texte ne s'en trouve que dans des recueils spéciaux, il est
utile de donner ici la traduction des passages principaux concer-
nant l'accusation du meurtre rituel. Si ces passages étaient plus
connus, il est probable que des catholiques de bonne foi ne s'asso-
cieraient jamais à une campagne que l'Église a aussi nettement
désapprouvée.

Innocent IV (28 mai 1247)[1]. Dans une lettre à l'archevêque de
Vienne, en France, le pape expose que certains prélats et nobles de
ce diocèse, pour avoir un prétexte à sévir contre les Juifs (*ut in ipsos
haberent materiam sæviendi*), les ont accusés du meurtre d'une

---

[1] Élie Berger, *Registres d'Innocent IV*, p. 424, n° 2838.

petite fille, à Valréas, et que sans procès, sans aveu de leur part, on les a livrés au bûcher, on a confisqué leurs biens et l'on a contraint leurs enfants au baptême. Le pape demande à l'archevêque de réparer, dans la mesure du possible, le tort fait aux Juifs de Valréas et il ajoute : « Tu ne permettras pas que sous ce prétexte ou d'autres semblables, quelques personnes molestent injustement les Juifs ; tu réprimeras par la censure ecclésiastique, et sans admettre d'appel, les auteurs des mauvais traitements qu'on leur infligerait. »

INNOCENT IV (5 juillet 1247)[1]. Cette bulle, adressée aux archevêques et évêques d'Allemagne, commence par énumérer les horribles cruautés exercées dans ce pays contre les Juifs. « Bien que l'Écriture sainte prescrive, entre autres règles, de ne pas tuer, et défende aux Juifs de toucher un cadavre quelconque dans la solennité de Pâque, *quelques-uns leur imputent faussement* (falso imponunt eisdem) *de se partager, précisément aux fêtes de Pâque, le cœur d'un enfant tué par eux* ; ils croient que la loi des Juifs leur commande cela, alors qu'elle y est manifestement contraire. Et si l'on trouve quelque part un cadavre, on accuse malicieusement les Juifs d'avoir commis un meurtre. Au nom de ces inventions *(figmenta)* et d'un grand nombre d'autres, on sévit contre eux sans procès, sans aveu, sans preuve, contrairement aux droits que le Siège apostolique leur a reconnus dans sa clémence ; on les dépouille de leurs biens en dépit de Dieu et de la justice, on les affame, on les jette en prison, on les accable de tourments, on les soumet aux peines les plus variées, on les condamne à la mort la plus ignominieuse, de sorte que les Juifs ont une existence plus déplorable que leurs ancêtres sous Pharaon en Égypte, et sont obligés de quitter misérablement les lieux où eux et leurs parents ont vécu de temps immémorial. Dans la crainte d'une destruction complète, ils se sont adressés à la sollicitude du Siège apostolique. Comme nous ne voulons pas que les Juifs soient punis injustement, nous ordonnons que vous vous montriez favorables et bienveillants à leur égard et que vous ne souffriez pas qu'ils soient molestés injustement sous le prétexte susdit ou d'autres semblables ; les contrevenants devront être réprimés par la censure ecclésiastique sans appel. »

INNOCENT IV (25 septembre 1253)[2]. Après avoir condamné la pratique des conversions forcées et toutes les violences exercées contre les Juifs, le pape s'exprime ainsi : « A l'encontre de la malice et de l'avidité de certaines méchantes gens, nous défendons que l'on porte atteinte aux cimetières des Juifs et que, pour se procurer de l'argent, on déterre leurs corps ; *nous défendons également à qui que ce soit de leur imputer l'usage du sang humain dans leurs rites*, attendu que dans l'Ancien Testament il leur est interdit de se servir d'un

[1] *Monumenta Germaniæ historica, Epistolæ, sec.* XIII, t. II, p. 296, n° 403.
[2] Jireček, *Codex juris Bohemiæ* (Prague, 1867), t. I, p. 131.

sang quelconque, sans même parler du sang humain. Comme à Fulda et dans nombre d'autres lieux, beaucoup de Juifs ont été tués sous ce prétexte, nous défendons très expressément, par les présentes, qu'il en soit ainsi à l'avenir. »

GRÉGOIRE V (7 octobre 1272)[1]. « Il arrive que les pères de certains enfants morts, ou d'autres chrétiens ennemis des Juifs, cachent secrètement ces enfants et cherchent à extorquer de l'argent aux Juifs comme rançon des vexations qu'on leur fait entrevoir. Ils affirment très faussement (*asserunt falsissime*) que les Juifs eux-mêmes ont secrètement enlevé ces enfants et qu'ils sacrifient avec leur cœur et leur sang, alors que leur loi interdit très expressément l'usage du sang pour le sacrifice, pour la nourriture et pour la boisson, *ce qui a été confirmé nombre de fois à notre Cour par des Juifs convertis au christianisme*. Sous ce prétexte, beaucoup de Juifs ont souvent été saisis et emprisonnés contre toute justice. Nous décidons que dans un cas pareil le témoignage des chrétiens contre les Juifs ne pourra être accueilli et nous ordonnons que les Juifs emprisonnés *sous ce prétexte frivole* soient relâchés, qu'ils ne puissent, à l'avenir, être appréhendés *sous ce prétexte frivole*, à moins que, ce que nous ne croyons pas, ils n'aient été pris en flagrant délit. » Le pape menace de l'excommunication ceux qui agiraient contrairement à ses prescriptions ; il ajoute qu'il prend ainsi sous sa protection expresse tous ceux des Juifs qui n'ourdissent aucune machination contre la religion chrétienne.

MARTIN V (20 février 1422)[2]. Il s'agit encore une fois d'une démarche des Juifs persécutés, qui ont sollicité la protection du Saint-Siège. Le pape déclare qu'il les couvre de son bouclier (*eis protectionis nostræ clipeum impertimur*). « Il arrive souvent que des chrétiens, pour obliger les Juifs à se racheter, pour pouvoir les dépouiller de leurs biens et les maltraiter à coups de pierres, les accusent, en temps d'épidémie, d'avoir empoisonné les sources et de mêler du sang humain à leurs pains azymes, crimes qui leur sont reprochés injustement (*scelera eis injuste objecta*). Ainsi, les peuples sont excités contre les Juifs, les accablent de coups, de persécutions et d'avanies. » Le pape interdit aux prédicateurs, tant réguliers que séculiers, de lancer contre les Juifs des accusations de ce genre ; il confirme leurs privilèges et menace de l'excommunication, de l'indignation de Dieu et des apôtres Pierre et Paul ceux qui agiraient contrairement à son décret.

PAUL III (12 mai 1510)[3]. Cette bulle est adressée aux évêques de Hongrie, de Bohême et de Pologne. « Nous avons appris avec déplai-

[1] *Archives d'Inspruck*, n° 69.
[2] *Analecta juris pontificii*, XII (1873), p. 397.
[3] *Œsterreichische Wochenschrift*, 1889, p. 352.

sir par les plaintes des Juifs de ces pays que, depuis quelques années,
certaines corporations et certaines personnes puissantes font preuve,
à l'égard des Juifs, d'une inimitié mortelle. Aveuglés par la haine et
par l'envie, ou, ce qui paraît plus probable, par la convoitise, et
afin de trouver un prétexte pour s'approprier les biens des Juifs, *ils
les accusent faussement de tuer les petits enfants et de boire leur sang*,
ainsi que de toute espèce de crimes énormes contre notre foi. Ils essaient ainsi d'irriter contre eux les esprits des chrétiens simples, et
il arrive souvent que, sous ces instigations, les Juifs sont privés
injustement non seulement de leurs biens, mais de leur vie. »
Comme les Juifs persécutés avaient fait appel au pape, celui-ci re-
nouvelle expressément, en leur faveur, les privilèges que ses prédécesseurs leur ont accordés et défend, sous peine de censures et
de châtiments ecclésiastiques, qu'on leur fasse subir des vexations à
l'avenir.

A côté de ces témoignages venus de si haut, on transcrirait les
opinions fortement motivées d'hommes éminents, tous étrangers
au judaïsme, MM. Jalabert, Beudant, Glasson, Renan en France,
Wagenseil, Delitzsch, Stade, Dillmann, Ebers en Allemagne, le cardinal Manning en Angleterre, etc. [1]. On rappellerait les consultations demandées par l'empereur d'Allemagne Frédéric II à une as-
semblée de Juifs convertis, par Frédéric Auguste, roi de Pologne,
à la Faculté théologique de Leipzig : partout la même réponse, non
pas un *non liquet*, mais un *non fit*, une dénégation formelle. « Non
seulement, écrivait Renan en 1883, si un pareil crime s'était produit, il faudrait que le misérable qui s'en serait rendu coupable
eût manqué à toutes les prescriptions du Judaïsme, mais je vais
plus loin : je crois que le crime en question n'a pas été commis
une seule fois. Il serait digne du christianisme d'empêcher qu'on
exploite contre d'autres le mensonge odieux dont il a lui-même si
injustement souffert [2]. »

VI

On s'est donné beaucoup de mal pour chercher l'origine de l'accusation du sang. Dès 1889, Isidore Loëb indiquait nettement la
solution qui a été très bien développée par M. Strack [3] : « Le pro-

[1] Un recueil de ces témoignages a été publié par M. Hildesheimer dans la *Jüdische Presse*, 1892, n°ˢ 13-19, 21. D'autres ont été imprimés en 1883 et au moment du procès de Tisza-Eszlar (voir Strack, *op. laud.*, p. 146).
[2] *Bulletin de l'Alliance*, 1883, I, p. 31.
[3] *Revue des Études juives*, 1889, I, p. 184.

blème n'est pas un problème d'histoire, mais de psychologie. Le préjugé vient d'un des instincts les plus profonds des peuples qui l'ont
inventé. C'est par milliers que les ethnographes comptent aujour-
d'hui les faits où se manifeste et s'est manifestée, dans nos pays,
la préoccupation du sang. Nous rappelons seulement le repas de
Thyeste, les sacrifices humains des Druides, les contes sur les
ogres, les vampires, lamies, goules et striges ; le symbole du vin
qui est du sang, les hosties qui suent du sang, les stigmates
sacrés qui laissent échapper des gouttes de sang, les flèches et
balles enchantées par un maléfice sanglant, la fable du marchand
de Venise, les pactes avec le diable signés avec du sang, les
pactes d'amitié et jusqu'à de simples échanges de politesse ac-
complis avec les mêmes rites, les vertus attribuées au sang
des suppliciés, la thérapeutique des sorciers, où les saintes
plaies, les saintes gouttes de sang jouent un si grand rôle.
Évidemment, l'imagination populaire est hantée par l'idée mystique du sang ; c'est une véritable obsession. Ceux qui accusent
les Juifs s'accusent ou se trahissent eux-mêmes : le Juif n'est ici
que pour mettre en action le rêve qu'ils portent en eux ; ils le char-
gent de jouer, à leur place, le drame qui, en même temps, les
attire et les épouvante. »

Quelques lignes d'explication suffiront après cet admirable
résumé du sujet.

Les superstitions souvent révoltantes qui s'attachent à l'usage du
sang relèvent d'un préjugé bien plus général, suivant lequel le
corps des hommes et des animaux, ainsi que leurs sécrétions,
jouissent de vertus extraordinaires, tant pour rendre la santé que
pour conférer certaines immunités chimériques. Si, dans les pratiques grossières auxquelles ce préjugé a donné naissance, la
croyance à l'efficacité du sang l'emporte sur les autres, cela s'ex-
plique par les rapports qu'une observation, même superficielle,
constate entre le sang et les phénomènes de la vie. Le sang de
divers animaux figure déjà, à titre de remède, dans un ouvrage
égyptien du XVI° siècle avant J.-C., qui traite de matière médicale.
Pline vante l'efficacité du sang des athlètes pour guérir l'épilepsie.
L'Église chrétienne a fréquemment renouvelé aux fidèles la défense
de boire du sang ; mais cette horrible pratique, et l'idée que
les bains de sang humain guérissaient les maladies les plus
rebelles, restèrent tellement vivaces qu'on les retrouve à travers
tout le moyen âge jusqu'à nos jours. L'abbesse Hildegard, du
couvent de Rupertsberg près de Bingen, recommandait vers 1150
l'usage du sang virginal contre la goutte. On racontait que
Louis XI, vers 1482, « buvait du sang qu'on avait tiré à plusieurs

enfants pour corriger l'âcreté du sien. » En 1610, une comtesse hongroise fut convaincue d'avoir fait saigner jusqu'à la mort un grand nombre de jeunes filles, dans la pensée que des bains de sang entretenaient la fraîcheur de son teint. En avril 1814, à Tönning en Allemagne, un épileptique obtint du bourreau la permission de boire, sur l'échafaud même, le sang encore chaud d'un assassin mis à mort. En 1867, en pleine Franconie, les voleurs croyaient se rendre invisibles en portant une fiole de sang pris à un enfant. M. Strack a réuni un très grand nombre d'exemples analogues, dont plusieurs, parfaitement attestés, se placent en 1815, 1864 et 1868. Voici un cas que les journaux ont signalé postérieurement à la publication de son livre ; je l'emprunte au *Matin* du 5 janvier 1893.

« PORT-LOUIS, 12 décembre. — Un individu, né de parents africain et hindou, a été pendu ce matin dans la prison de Port-Louis (île Maurice). Les exécutions se font ici à huis clos, et une quinzaine de personnes seulement ont été admises à assister à l'affreux spectacle.

» Cet individu, nommé Diane, âgé de trente-cinq ans, était un des sorciers les plus célèbres de l'île. Il avait commis un horrible forfait. Persuadé qu'il lui fallait boire le sang d'un jeune enfant pour arriver à acquérir une influence surhumaine sur ses semblables, il attira dans un endroit écarté une petite fille créole, âgée de sept ans, lui coupa le cou et se mit à boire sans frémir le sang chaud qui coulait des veines de la malheureuse victime.

» Il eut l'audace de raconter à un de ses amis le crime dont il s'était rendu coupable, s'en glorifiant même. Celui-ci, épouvanté, s'empressa d'avertir la police.

» Diane a expié son forfait avec la sérénité d'un philosophe méconnu par ses contemporains.

» Quelques années auparavant, un précurseur de Diane, un nommé Picot, avait essayé également de s'attirer les bonnes grâces des puissances infernales en mangeant le cœur encore palpitant d'un jeune enfant. »

Voilà donc un ensemble de superstitions stupides et cruelles qui remontent à la plus haute antiquité et paraissent, comme les sacrifices humains, s'être rencontrées, tôt ou tard, à peu près partout. Or, le degré de civilisation morale d'un peuple se mesure précisément à l'ancienneté de l'époque où sa législation religieuse a supprimé les pratiques sanglantes et proclamé le respect de la vie humaine. Ainsi les Grecs renoncèrent aux sacrifices humains avant les Romains, et ceux-ci, à leur tour, durent les prohiber en Gaule et dans le territoire de Carthage. Mais, de tous les peuples, celui qui a repoussé le plus tôt ces aberrations est incontestablement le peuple juif. La Bible est pleine de malédictions contre les sacrifices d'enfants que les Phéniciens offraient à Moloch[1]; elle condamne, en même temps, toutes les pratiques superstitieuses, telles que consultations de sorciers et de devins, qui dégénèrent, trop souvent encore, en rites sanguinaires ou immoraux. L'histoire du sacrifice d'Isaac, à l'aurore même de la nationalité juive, marque le passage de l'ancienne religion à la nouvelle, de la conception du Dieu sanguinaire à celle du Dieu juste. Les Juifs y sont arrivés les premiers et ils ont eu le mérite éminent de s'y tenir.

En résumé, il est possible, il est même certain, que plus d'une fois, depuis quinze siècles, un Chrétien a été tué par un Juif; mais il n'est pas moins certain que jamais, à aucune époque, dans aucun pays, un Chrétien, jeune ou vieux, n'a été immolé par un Juif pour servir à l'accomplissement de rites secrets. Cela est certain, non pas seulement parce que l'histoire ne dit pas autre chose, mais parce que l'idée même d'un *meurtre rituel juif* est un tissu de contradictions absurdes en trois mots, parce que le Juif, en tant que Juif fidèle à la Loi, a l'horreur du sang, des cadavres, de tout ce que la mort a rendu impur. Le témoignage de l'histoire ne fait que confirmer celui des textes religieux; l'opinion contraire ne se fonde ni sur les textes ni sur l'histoire, mais sur des impostures et des fables, où il est seulement difficile de faire équitablement la part de la malignité et de la bêtise.

Telle serait pourtant la tâche d'un historien de l'antisémitisme; mais, ici, le sujet s'élargirait démesurément et l'on risquerait de perdre de vue ce préjugé du meurtre rituel qui n'a été le plus souvent, et n'est encore aujourd'hui, qu'une machine de guerre au service de l'imposture, de la méchanceté et des basses convoitises. Au moyen-âge, les expulsions de Juifs profitent toujours aux persécuteurs qui les dépouillent : or, ces expulsions sont presque toujours précédées d'une accusation de meurtre. La connexité des faits est évidente et dispense de plus amples commentaires.

Parce qu'une proposition a déjà été prouvée souvent, il n'en est pas moins quelquefois utile de la prouver à nouveau. Celle qui se dégage de ce qui précède peut être formulée en ces termes, dont la précision ne laisse rien à désirer : « Toute personne qui propage la calomnie du meurtre rituel est un imbécile ou un imposteur. »

Je suppose un instant que les antisémites militants soient de bonne foi. Je suppose encore qu'ils lisent le présent article jusqu'au bout. Alors je veux qu'ils y trouvent, comme épilogue, ces paroles

---

[1] *Lévitique*, xviii, 21; xx, 2; *Deutéronome*, xii, 31; xviii, 10.

presque dictées par Bossuet, qui en font connaître assez clairement le dessein : « N'endurcissez pas vos cœurs; ne croyez pas qu'il vous soit permis d'apporter seulement à ce discours des oreilles curieuses. Toutes les vaines excuses dont vous couvrez votre ignorance vous sont ôtées..... Mon discours, dont vous vous croyez peut-être les juges, vous jugera vous-mêmes, et, si vous n'en sortez plus éclairés, vous en sortirez plus coupables. »

SALOMON REINACH.

VERSAILLES, IMPRIMERIE CERF ET Cⁱᵉ, RUE DUPLESSIS, 59.